Lean im Haushalt

Mit 5S nachhaltig ausmisten

2. Auflage Januar 2021

Bibliografische Information der Deutschen Nationalbibliothek:
Die Deutsche Nationalbibliothek verzeichnet diese Publikation
in der Deutschen Nationalbibliografie; detaillierte
bibliografische Daten sind im Internet über http://dnb.dnb.de
abrufbar.

© 2021 Frau Ordnung

Herstellung und Verlag: BoD – Books on Demand,
Norderstedt

ISBN: 978-3-7526-2594-3

An Frau Ordnung schätze ich ihre neben der sehr großen Professionalität mit wirklich vielen, vielen guten Tipps ihre Freundlichkeit und ihren herrlichen Humor. Sie ist zudem sehr nahbar und kein bisschen von oben herab, so dass man sich nicht blöd vorkommt mit seinen Aufräum-Problemen. An dieser Stelle nochmal vielen Dank, liebe Frau Ordnung!

Kathrin Rahnfeld

Frau Ludwig hilft bei Ordnung im Büro und somit auch im Kopf. Sehr zu empfehlen!

Andreas Graf von Brühl

UNGLAUBLICH ERLEICHTERT und VOLLKOMMEN BEGLÜCKT bin ich, nachdem Frau Ordnung ihr Aufräumkünste an meinem Keller ausgeübt hat. Sie hat mir sehr geholfen, mir klar zu werden und zu entscheiden, was ich behalten sollte, was ich weggeben kann und was ich getrost in die Tonne hauen kann, denn ich würde es nie vermissen. Mit ihrem super effektiven System hat sie es geschafft, aus einem total überfrachteten Keller eine regelrechte „Kelleroase" zu zaubern. Jetzt habe ich im Keller so viel Platz und Luft, dass ich mit meinem Mann und 3-4 Gästen dort gemütlich ein Tässchen Kaffee trinken und dabei an der Kellerwand eine nostalgische Diashow von unserem allererstern Kanadaurlaub in den Neunzigern genießen kann :-) Wie cool ist das denn?! Hätte ich nie gedacht, dass Keller-Aufräumen so viel Spaß, Glück, Erleichterung und freie Beweglichkeit bringen kann. Das muss sich ja ähnlich anfühlen für einen Übergewichtigen, der sein Idealgewicht wieder erreicht hat. Herzlichen Dank, Frau Ordnung :-)!

Claudia Tan

Lean im Haushalt

Mit 5S nachhaltig ausmisten

Frau Ordnung

„For every minute spent in organizing, an hour is earned."

Benjamin Franklin

Inhaltsverzeichnis

I

1. Einleitung

Es war einmal... ein ungeschriebenes Gesetz unter Unternehmensberatern, die Arbeit nicht mit nach Hause zu nehmen. Lean im Haushalt? Ein Horror für die Ehefrauen!

Doch gleichzeitig hört man immer öfter die Geschichten über achtarmige Eltern, die neben der Familie noch glücklich im Beruf sind, eine funktionierende Beziehung haben und ein Zuhause, in dem man sich rundum wohlfühlt – ein Märchen? Illusion?

Fakt ist: es gibt sie wirklich. Fragen Sie sie doch einfach – ihre Antwort wird sein „ach, alles eine Frage der Organisation!‟ – das ist die umgangssprachliche Beschreibung.

Im Kern steckt dahinter nichts weiter als klar durchdachtes **Lean Management**.

Dieses Buch richtet sich daher an Menschen, denen die bisher im Buchhandel erschienenen Aufräumratgeber zu esoterisch erscheinen und handfeste Anleitungen möchten. Und an solche, die gerne selbst anpacken, vielleicht auch den ein oder anderen Tipp bräuchten – dazu aber doch bitte keinen Ratgeber lesen!

Das Buch ist so aufgebaut, dass Sie jedes Kapitel eigenständig durcharbeiten können.

Und nun wünsche ich Ihnen viel Spaß beim Ausmisten, entrümpeln und loslassen. Wenn Sie möchten, schreiben Sie mir doch Ihre Erfolgserlebnisse, ich freue mich über Ihre E-Mail!

Mit herzlichen Grüßen

2. Der Hintergrund

Lean Production, schlanke Produktion, 5S – was hat das mit dem Haushalt zu tun?

Die schlanke Produktion bezeichnet laut Wikipedia ursprünglich *„die von Womack/Jones/Roos bei japanischen Automobilherstellern vorgefundene, systematisierte Produktionsorganisation, welche auch definiert wird als „integriertes soziotechnisches System, dessen Kernzielsetzung die Beseitigung von Verschwendung ist, indem gleichzeitig lieferantenseitige, kundenseitige und interne Schwankungen reduziert oder minimiert werden".“*[1]

Die Kerninhalte der schlanken Produktion werden in zahlreichen produzierenden Unternehmen von Horden von Unternehmensberatern umgesetzt – mit dem Ziel eine nachhaltig optimierte Produktion zu schaffen: das Stichwort „Industrie 4.0" taucht in den Medien nahezu täglich auf.

Dieses Buch soll nicht auf die Details und Feinheiten der schlanken Produktion in solchen Unternehmen eingehen, sondern zeigt auf, wie einige Methoden und Vorgehensweisen auch im alltäglichen Leben angewendet werden können.

Das Ziel ist ein befreiteres, entspannteres Leben – mit dem Nebeneffekt, dass Sie nicht nur Geld sparen, sondern auch

---

[1] https://de.wikipedia.org/wiki/Schlanke_Produktion

endlich wieder Zeit für die Dinge bekommen, die Ihnen wirklich Spaß machen.

Zuerst werden Sie einen kurzen Überblick über das Grundprinzip erhalten – anschließend können Sie das Ausmisten mit dem Kapitel starten, das Ihnen am meisten am Herzen liegt.

3. Das Grundprinzip

Ob Garage, Wohnzimmer, Küche, Badezimmer, Keller, Büro –
ob es sich um ein ganzes Haus handelt, einen Raum oder nur
einen kleinen Bereich – das Grundprinzip des Ausmistens nach
schlanken Gesichtspunkten ist immer dasselbe.

Die Methode nennt sich die 5S-Methode und lässt sich schnell,
einfach und unkompliziert umsetzen.

*Wichtige Nebengedanken und weiterführende Methoden
finden Sie in den Schaukästen.*

Die 5S-Methode

*„Die **5S**-Arbeitsgestaltung, im deutschen Sprachraum auch **5A**
genannt, ist eine hauptsächlich in der Produktionsindustrie und
zunehmend im Dienstleistungsbereich angewandte Methodik,
wobei der Begriff für einen definierten Maßnahmenbereich
steht. Es ist eine Idee aus dem japanischen Toyota-
Produktionssystem[2]. **5S dient als Instrument, um
Arbeitsplätze und ihr Umfeld sicher, sauber und
übersichtlich zu gestalten. Ordnung und Sauberkeit
sind Grundvoraussetzungen zur Verbesserung der
Arbeitsprozesse, welche an ihnen ablaufen."[3]**

---

[2] https://de.wikipedia.org/wiki/toyota-produktionssystem
[3] Quelle: https://de.wikipedia.org/wiki/5s

Das Ziel der 5S-Methode in einem Haushalt ist es, den Wohnraum so zu gestalten, dass Sie nur noch von Dingen umgeben sind, die Sie wirklich mögen und benötigen. Gleichzeitig werden Sie Geld sparen, da Sie verschwendungsfreier leben: Sie werden nicht mehr lange suchen müssen, um etwas zu finden und dieses dann nicht doppelt und dreifach kaufen, weil Sie es gerade nicht gefunden haben. Auch das Putzen und Ordnung halten wird wesentlich einfacher geschehen können – die Grundlage für ein nachhaltiges und entspanntes Wohnen.

Zusammenfassung

- Sie leben glücklicher und befreiter.

- Sie sparen Geld.

- Sie müssen weniger putzen und aufräumen.

Einzelne Schritte

Hier werden die einzelnen Schritte erläutert und grobe Hinweise gegeben. Detailliertere Informationen erhalten Sie in den jeweiligen Kapiteln.

Schritt 1: **SEIRI: Sortiere aus**

Der Kernpunkt: Sie nehmen jedes Ding, jedes Stück, jedes Teil in die Hand und sortieren auf diese Weise den gesamten Besitz.

Praxis

1. Suchen Sie sich eine Stelle, an der Sie beginnen wollen. Seien Sie so konkret wie möglich! Der Kleiderschrank, die Küchenzeile, das Werkzeugregal – egal was. Definieren Sie eine bewusste Stelle: Im Kleiderschrank oben links. In der Küche das Regal unter der Spüle. Im Werkzeugregal die Schublade oben links.

2. Räumen Sie den gesamten Inhalt auf den Boden, die Arbeitsplatte, an irgendeine freie Stelle, auf der der Inhalt Platz hat.

3. **Jetzt wird sortiert!**
Kriterien, die Ihnen hier helfen können erfahren Sie in den einzelnen Kapiteln. Hier geht es nur um das Grundprinzip. Die Kernfrage, die Sie sich jedoch IMMER stellen können lautet:

Macht mich dieses Teil glücklich?

Welche Gefühle spüren Sie, wenn Sie diesen Gegenstand betrachten?

„Oh, diese Vase! Also, wenn ich DIE sehe, dann freue ich mich ehrlich, dass ich die habe! Ich finde sie ganz hübsch und praktisch und ich schaue auch gern dorthin." ... oder ist es eher ein „Oh. Die Vase. Naja, also so richtig mein Geschmack ist sie ja nicht, aber ich habe sie doch geschenkt gekriegt... Selbst kaufen? Nein, selbst kaufen würde ich so eine Vase sicher nicht."

Expertentipp zu Erinnerungen:

Wie sollen sie mit Gegenständen verfahren, die Sie weder benötigen, noch ständig um sich haben wollen? Die Sie aber aus sentimentalen Gründen aufheben möchten? Ihre ersten Baby-Schuhe, das Hochzeitskleid, Eintrittskarten für ein Konzert...

Legen Sie eine Erinnerungskiste an! Die Kiste kann oben auf dem Kleiderschrank, im Keller, unter dem Bett stehen – die Hauptsache ist hier: es passt optisch.

So müssen Sie sich nicht von geliebten Dingen trennen, die Sie einfach nur so aufheben möchten. Überlegen Sie aber gut, welche Dinge es wert sind, in diese Kiste zu gehören!

Schritt 2: **SEITON: Stelle ordentlich hin**

Legen oder stellen Sie die oben aussortierten Dinge, die Sie behalten möchten nun zurück.

Jedes Ding hat seinen Platz!

Schritt 3: **SEISO: Säubere**

„Angewandter Buddhismus bedeutet, sich darin zu üben, die Dinge des täglichen Lebens mit Wertschätzung zu behandeln, zu pflegen und zu erhalten und auf diese Weise die Ressourcen unseres Planeten zu schonen."[4]

Putzen und reinigen Sie die Flächen und Dinge, die Sie soeben aufgestellt haben.
Die Reinigung dient dem Prüfen – sollten Sie Mängel feststellen beseitigen Sie diese oder sortieren Sie den Artikel gegebenenfalls doch aus.

Praxis

SEITON und SEISO können auch gleichzeitig erfolgen!

Schritt 4: **SEIKETSU: Standardisiere**

---

[4] Der kleine Alltagsbuddhist – Schneider, Maren. Gräfe und Unzer Verlag, 2013. ISBN: 978-3-8338-2901-7

Der Kernpunkt für die Nachhaltigkeit Ihrer Ausmist-Aktionen: jetzt stellen Sie die Weichen, dass Sie in Zukunft weniger suchen und weniger aufräumen müssen!

Wenn möglich, versuchen Sie einheitliche Beschriftungen, Kennzeichnungen oder Markierungen zu verwenden.

Stellen Sie Ihre täglichen Routinen auf den Prüfstand! Auf diese Weise erreichen Sie die grundlegende Nachhaltigkeit des Ausmistens.

In Japan, dem Gründerland des Lean Managements, wird ein Mensch, der seine Wohnung betritt die Schuhe in das dazugehörige Regal stellen, den Hausschlüssel an den einen bestimmten Haken am Schlüsselbrett hängen, Geldbeutel und Smartphone in die vorher definierte Schublade legen, die Jacke an den Haken hängen.

Auf diese Weise wird dieser Mensch nie auf der Suche nach Schlüssel oder Geldbeutel sein – er wird immer sofort wissen, wo sich die Dinge befinden.

Schritt 5: **SHITSUKE: Selbstdisziplin und ständige Verbesserung**

„Ganz gleich, wie viele heilige Worte du liest,
ganz gleich, wie viele du sprichst –
was für einen Wert haben sie für dich,
wenn du nicht nach Ihnen handelst?"
Dhammapada

Schritt 5 mag etwas komplex und schwierig umsetzbar klingen – dabei ist er relativ simpel zu erleben – denn er hängt eng mit den Standards zusammen, die Sie vorher definiert haben.

Kurz zusammengefasst: Ist eine Stellfläche für ein Ding definiert, gehört es auch da hin – immer.

Sie werden allerdings feststellen, dass manche Dinge vielleicht den Platz wechseln sollten. Dann tun Sie das – seien Sie mutig und verändern Sie Ihre Regeln, die Strukturen!

Praxis

Hier ist Ihre Kreativität gefragt!

Wenn Sie feststellen, dass etwas nicht so passt, wie Sie es vorher gewünscht hatten – haben Sie den Mut, diese Dinge zu ändern!

Lean Management lebt davon, dass Sie sich immer wieder damit beschäftigen und sich stets fragen: „Vielleicht geht es sogar noch ein bisschen besser?"

Ihr Leben verändert sich stets, SIE verändern sich – halten Sie nicht an alten Glaubenssätzen fest, die eigentlich nur aussagen „Ich finde das ja nicht so praktisch, aber das haben wir schon immer so gemacht!".

Nehmen Sie sich ein Beispiel an den Plastiktütenverkäufen in Deutschland: „Früher" hat man bei jedem Einkauf gerne umsonst eine Plastiktüte mitgenommen, die wiederum das Fach unter der Küchenspüle zugestopft hat. Undenkbar, bereits mit Einkaufstüte das Haus zu verlassen. Seit Einführung der Plastiktütengebühr ist der Verbrauch im Jahr 2017 jedoch um mehr als ein Drittel gesunken![5] Es geht also doch – und kaum einer vermisst die Horden der „die brauch' ich noch-Tüten".

Die 5S- Methodik können Sie überall anwenden – unabhängig davon, wo Sie ausmisten wollen oder wer Sie sind. Selbst Kinder können Sie spielerisch damit motivieren, Ordnung zu halten.

Ebenso müssen Sie nicht befürchten, sich an Regeln halten zu müssen, die Ihnen nicht liegen oder – noch schlimmer – sich von Dingen zu trennen, die Sie eigentlich behalten möchten.

---

[5] http://spiegel.de/wirtschaft/service/platiktueten-verbrauch-sinkt-deutlich-und-uebertrifft-eu-ziele-a-1211628.html (aufgerufen: 14.06.2018)

4. Schlanke Gedanken

Diskutieren Sie gerne? Oder machen Sie sich lieber selbst in aller Stille Gedanken? An dieser Stelle erhalten Sie Anregungen aus dem Lean-Management. Sie werden sehen – auch wenn Sie kein Produktionsbetrieb oder Konzern sind: diese Tipps und Vorgehensweisen können Sie direkt in Ihrem täglichen Leben anwenden!

Vermeidung von Verschwendung

Sie müssen kein exzentrischer Milliardär sein, um verschwenderisch im eigentlichen Sinne zu leben! Denken Sie einmal darüber nach, wie viele Lebensmittel Sie wegwerfen, weil Sie zu viel davon gekauft haben und sie anschließend abgelaufen sind. Oder wie viele Fahrten Sie mit dem Auto unternehmen anstatt mit dem Fahrrad zu fahren oder zu Fuß zu gehen.

In welchen Räumen lassen Sie das Licht brennen, obwohl Sie sich nicht im Raum aufhalten? Und wie viele Geräte stehen bei Ihnen im StandBy-Modus und verbrauchen so nebenbei Strom, den Sie ohne weiteres einsparen könnten?

Versuchen Sie auf Ihre ganz persönlichen Verschwendungen zu achten.

Expertentipp

Auch Ihre eigene Energie ist begrenzt!

Wenn Sie in den Keller gehen, überlegen sie, ob Sie etwas mit hinunternehmen können – Sie sind doch ohnehin auf dem Weg. Versuchen Sie bei solchen Laufwegen, nicht mit leeren Händen zu gehen, schon haben Sie vielleicht ein paar Gänge in den Keller oder andere Zimmer gespart!

Abschaffung der Lagerhaltung

Eine Lagerhaltung kostet nur eines: Geld.

Landmensch...

Wenn Sie glücklicher Eigentümer eines Hauses sind, haben Sie zumindest nicht das große Problem, keine Fläche für all Ihre Schätze zu haben. An dieser Stelle können Sie sich daher nur überlegen, ob jeder der einzelnen Räume auch dem ihm zugedachten Zweck erfüllt.

Wenn allerdings aus dem kleinen Atelier, das Sie irgendwann einrichten wollten mittlerweile eine Abstellkammer geworden ist oder in der Garage vor lauter Kisten und Kartons kein Platz mehr für ein Auto ist sollten Sie diese Besitztümer hinterfragen. Was sind Ihre Lebensträume? Wollen Sie wirklich auf Ihr

Atelier oder Ihre Sauna verzichten, weil die Räume mit Dingen belegt sind, die Sie womöglich nicht einmal mehr benötigen?

Manche Hausbesitzer hegen auch den Wunsch, einige Räume zu vermieten, um die monatlichen Einnahmen geschickt zu erhöhen. Und der Vermietung steht im Wege, dass die Räume schlichtweg nicht bezugsfertig sind. Dann ist auch hier die Lagerhaltung eine simple Geldfrage.

Natürlich gibt es Sie: die Vorteile und auch die Notwendigkeit, Vorräte anzulegen. Wenn Sie zur nächsten Einkaufsmöglichkeit 30 Minuten mit dem Auto fahren müssen, dann lohnt sich eine entsprechende Vorratshaltung. Das ist nicht nur ökonomischer, sondern auch wirtschaftlich sinnvoller.

Aber Achtung vor der Angebots-Falle:

Es ist Sommer, es ist heiß – und das Markeneis ist beim Discounter im Angebot. Kaufen Sie gerne einen Vorrat davon. Das lohnt sich und schmeckt nebenbei.

Falsch wäre aber: Sie kaufen sich eine zweite Gefriertruhe, die Sie in den Keller stellen, damit Sie noch mehr Eis aus dem Angebot kaufen können! Das wäre eine Lagerhaltung, die übertrieben wäre und extra viel Strom und Platz verbraucht.

... oder Stadtmensch?

Leben Sie in einer Stadtwohnung ist das Platzthema ein ganz Anderes. Hier kostet jedes Zimmer bares Geld.

Zu Großmutters Zeiten hatte es beispielsweise Sinn gemacht, Lebensmittel und andere Dinge auf Vorrat zu kaufen. Heute gibt es in jeder größeren Stadt Supermärkte, die an 6 Tagen in der Woche von 7 bis 24 Uhr geöffnet haben – DAS sind Ihre Vorratskammern!

Oft sind auch Keller in großen Städten mit einer hohen Luftfeuchte gesegnet – die Aufbewahrung von Kleidung oder schimmelanfälligen Gegenständen ist hier schlicht nicht möglich. Das heißt: ab damit in die Wohnung!

Überlegen Sie hier, ob es wirklich notwendig ist, Dinge auf Vorrat zu kaufen – der Platz, den diese Sachen benötigen kostet mehr, als die Ersparnis, die Sie beim Einkauf der Großpackung gewonnen haben.

Expertentipp

Digitalisieren Sie!

Besorgen Sie sich eine Dokumentenmanagement-Software und scannen Sie Ihre Papierunterlagen ein! Versicherungsbelege, Bankunterlagen, Steuerbescheinigungen – immer mehr Belege erhalten Sie ohnehin schon digital. Auch alte Fotos können Sie digitalisieren – die Geräte erhalten Sie für ca. 20 Euro im Fachhandel. Filme und Musik können Sie gezielt bei Online-Diensten erwerben.

Auf diese Weise können Sie so viel Platz sparen, dass Sie womöglich ein ganzes Zimmer frei bekommen!

Pull-Prinzip

Das Pull-Prinzip wird auch als Hol-Prinzip bezeichnet.

„Dabei soll eine Bearbeitungsstation in einer Wertschöpfungskette erst dann ihre Leistung erbringen, wenn diese Leistung von der ihr nachgeorderten Station angefordert wird."[6]

Im Haushalt bedeutet das: kaufen oder verwenden Sie möglichst keine Geräte, die auf eine Überproduktion oder Verschwendung hinauslaufen.

Praxisbeispiel: Kaffeemaschine

Im Allgemeinen wird gerne behauptet, dass Kaffeemaschinen, die Pads oder Kapseln verwenden umweltfeindlich sind, da diese Müll produzieren, der nicht benötigt wird (der Fairness halber nehmen wir aber in unserem Beispiel biologisch abbaubare Pads oder Kapseln aus nachwachsenden Rohstoffen, die es mittlerweile ebenfalls am Markt gibt).

Wenn Sie nun den Gesamtprozess betrachten sieht das Verhältnis anders aus:

Wir nehmen an, Sie haben vier Gäste. Einer möchte einen Cappuccino trinken, zwei andere einen Kaffee und der Dritte einen Tee. Mit der herkömmlichen Prozedur bedeutet das: Sie

---

[6] https://glossar.item24.com/glossarindex/artikel/item/pull-prinzip.html

kochen viel Wasser (eine Kanne Kaffee, eine Kanne Tee). Sie bereiten Milchschaum zu, auf dem Herd oder in einem extra Milchaufschäumer. Nun trinken die Gäste weniger als erwartet und Sie schütten den Rest Tee und Kaffee wieder weg.

Mit einer Pad-/Kapselmaschine mit Milchtank hätten Sie in wenigen Minuten exakt die Getränke hergestellt, die gewünscht wurden – mit dem absoluten Minimum an verbrauchter Energie, der exakt benötigten Menge an Wasser und Milch und der vollen Flexibilität, jedem Gast mit jeder Tasse ein Wunschgetränk anbieten zu können. Die biologisch abbaubaren Pads werden mit dem Bio-Müll einfach weiterverwertet. Sie haben also die Leistung erst erbracht, als sie gefordert wurde. Keine Überproduktion, keine Verschwendung von Energie oder anderen Ressourcen.

Poka Yoke

„Ausgangsbasis für Poka Yoke ist die Erkenntnis, dass kein Mensch und auch kein System in der Lage ist, unbeabsichtigt Fehler vollständig zu vermeiden. Mit Poka Yoke wird meist durch einfache und wirkungsvolle Systeme dafür gesorgt, dass Fehlhandlungen im Fertigungsprozess nicht zu Fehlern am Endprodukt führen. Dabei zielt Poka Yoke auf den Einsatz von meist technischen Hilfsmitteln. Diese Lösungen sind meist kostengünstig und sofort einführbar."[7]

Poka Yoke bedeutet nichts Anderes als Fehler zu minimieren und mögliche Fehlerquellen auszuschließen. Das funktioniert

---

[7] https://de.wikipedia.org/wiki/Poka_Yoke

auch im Haushalt und kann besonders bei der Einführung von Standards gesetzt werden.

Sie kennen doch alle die Figuren aus den Überraschungseiern? Hier erleben Sie Poka Yoke in der Vollendung. Die Figuren sind so „idiotensicher" gestanzt, dass es nur eine einzige Möglichkeit gibt, die Figuren korrekt zusammenzusetzen. Hier können Fehler gar nicht erst entstehen.

Praxisbeispiel: Schattenbrett

Sie haben sicher schon in der ein oder anderen Garage oder Werkstatt ein „Schattenbrett" gesehen: eine Holzwand, auf der die Umrisse einzelner Werkzeuge zu sehen sind. Das Ziel: jedes Werkzeug wird sofort erkennbar an stets denselben Platz zurückgehängt. Mit der Folge, dass jedes Werkzeug aber auch genau nur an diesem einen Platz aufbewahrt werden kann. Langes Suchen gehört hier der Vergangenheit an! Die Anschaffung eines solchen Brettes ist nicht komplex, sofort umsetzbar und kostengünstig in jedem Haushalt umzusetzen.

Wertschätzung

Sind Sie auch Besitzer eines vererbten Porzellan-Services? Eines, das so wertvoll ist, dass es seit Jahren in der Vitrine steht und nicht verwendet wird?

Werden Sie zum **stolzen** Besitzer dieses Porzellans!

Was hindert Sie daran, das Porzellan tatsächlich zu verwenden?

Das Aussehen: Sie finden es nicht schön, es ist nicht ihr Stil:

→ Dann sollten Sie das Porzellan auch nicht aufheben. Wenn Erinnerungen daran hängen: bedenken Sie: die Erinnerungen verschwinden nicht, wenn das Porzellan das Haus verlässt! Sie können sich auch ein bestimmtes Teil, eine Zuckerdose, Kaffeekanne oder Schüssel als Erinnerungsstück daraus aufbewahren: und dann verschenken oder verkaufen Sie es: geben Sie dem Porzellan die Chance, einen anderen Menschen wirklich glücklich zu machen!

Der Preis: das Porzellan ist zu wertvoll.

→ Wenn es sich nicht gerade um eine Sonderausgabe Meissner Porzellan handelt: seien Sie unbesorgt: altes Porzellan erhalten Sie mittlerweile bei diversen Kleinanzeigeportalen geschenkt!

→ Fragen Sie sich: warum sind SIE es wert, nur von billigen Standardtellern zu essen? SIE sind es wert, das schöne Porzellan zu verwenden! Gedanken, die Ihnen suggerieren „Ach, wenn ich diese Tasse herunterfallen lasse, das ist es nicht wert." – diese Gedanken geben Ihnen die unterbewusste Rückmeldung, dass SIE es nicht wert sind. Hinterfragen Sie sich, wie Sie die Wertschätzung sich selbst gegenüber einstufen.

First In – First Out (FIFO – was zuerst reinkommt, geht auch zuerst wieder raus)

„First In – First Out bezeichnet jegliche Verfahren zur Speicherung, bei denen diejenigen Elemente, die zuerst gespeichert wurden, auch zuerst wieder aus dem Speicher entnommen werden."[8]

Mit der „FIFO"-Methode sparen Sie im Haushalt Zeit, Geld und Nerven.

Praxisbeispiel: Kühlschrank

Stellen Sie beim nächsten Einkauf den neuen Joghurt HINTER den alten im Kühlschrank. Legen Sie den neuen Salat hinten in das Gemüsefach und holen Sie das ältere Gemüse nach vorn an die Front. Verfahren Sie so mit allen Lebensmitteln im Kühlschrank. Achten Sie darauf, die Lebensmittel immer an dieselbe Stelle zu stellen.

Der positive Effekt:
in Zukunft sehen Sie auf den ersten Blick: ist noch Joghurt da? Muss Senf gekauft werden?

Abgelaufene Lebensmittel kann es fast nicht mehr geben, da sie ja stets das Lebensmittel mit dem kürzesten Haltbarkeitsdatum nach vorne geschoben haben.

---

[8] https://de.wikipedia.org/wiki/First_in_%E2%80%93_First_Out

Diese Methode eignet sich besonders für Lebensmittel und Verbrauchsmaterialien, wie Büro-Materialien, oft gebrauchtes Werkzeug etc.

Beobachten Sie einmal bei Ihrem nächsten Drogerie- oder Supermarktbesuch, wie die Lebensmittel dort eingeräumt werden: neue Packung nach hinten, abzulaufende Packungen werden nach vorne geschoben.

5. Praxis: jetzt geht's los!

Sie möchten loslegen? Einfach machen?

Dann Ärmel hochgekrempelt, Lieblingsmusik besorgt und los geht's!

In den folgenden Kapiteln erhalten Sie Tipps für die konkrete Umsetzung der einzelnen 5S-Schritte. Es besteht kein Anspruch auf Vollständigkeit – wenn Sie noch weitere Ideen haben: nur zu! Seien Sie kreativ!

Schritt 1: SEIRI: Sortiere aus

Nach welchen Kriterien soll man nun Dinge aussortieren?

Wie eingangs erwähnt lautet tatsächlich die Kernfrage, die Sie sich immer stellen können:

Macht mich dieses Teil glücklich?

Beispiel 1: Tante Hildas Vase

Wenn Sie die Vase anschauen gibt es zwei Varianten:

Variante 1: Sie erinnern sich an Tante Hilda, erinnern sich, wie die Vase stets bei ihr im Wohnzimmer stand und sie freuen sich bei dem Anblick an die Vase, haben womöglich gerade erst einen frischen Strauß Blumen hineingestellt.

Variante 2: Sie erinnern sich an Tante Hilda und fühlen sich schlecht – bei ihr im Wohnzimmer standen immer frische

Blumen darin – Sie jedoch schaffen es nicht einmal, die Vase gelegentlich abzustauben. Besonders hübsch finden Sie sie ohnehin nicht, aber Sie können sie doch nicht einfach wegwerfen?

Lösung:

Variante 1: Behalten Sie die Vase und freuen Sie sich darüber!

Variante 2: Verschenken Sie die Vase über ein Kleinanzeigenportal oder verkaufen Sie sie über ein Auktionshaus. Machen Sie einem anderen Menschen so eine Freude – es hätte Tante Hilda sicherlich mehr gefreut, wenn die Vase auch weiterhin den Zweck erfüllen kann, der ihr zugedacht wurde.

Beispiel 2: Kleidung

Variante 1: Ihr Lieblingskleidungsstück wird gerne getragen, Sie fühlen sich wohl darin und sehen sich damit gerne im Schaufenster spiegeln.

Variante 2: Das Kleidungsstück war einmal teuer, passt theoretisch auch noch - wenn Sie es anziehen und sich damit im Spiegel sehen fühlen Sie sich trotzdem nicht wohl. Dennoch behalten Sie es, falls es Ihnen doch wieder einmal gefallen sollte. Wirklich sicher sind Sie sich nicht.

Lösung:

Variante 1: Perfekt! Geben Sie dem Kleidungsstück seinen Platz im Kleiderschrank.

Variante 2: Verkaufen oder spenden Sie die Kleidung. Wenn Sie sich nicht wohl darin fühlen wird sich das **nicht** ändern! Es gibt aber Menschen, die sich darüber freuen und die Kleidung wirklich benötigen können. Belasten Sie sich nicht mit diesen Dingen!

Auf der folgenden Seite finden Sie einen Plan, der Ihnen beim einfachen Ausmisten des Kleiderschranks behilflich sein kann.

Klappen Sie Ihr Buch ruhig richtig auf, legen Sie die Grafik neben sich und starten Sie mit dem Ausmisten! Alle Klamotten rauf aufs Bett und los geht's mit Sortieren. Sie werden sehen – es wird Ihnen leichter fallen, als Sie denken!

Kleiderschrank ausmisten

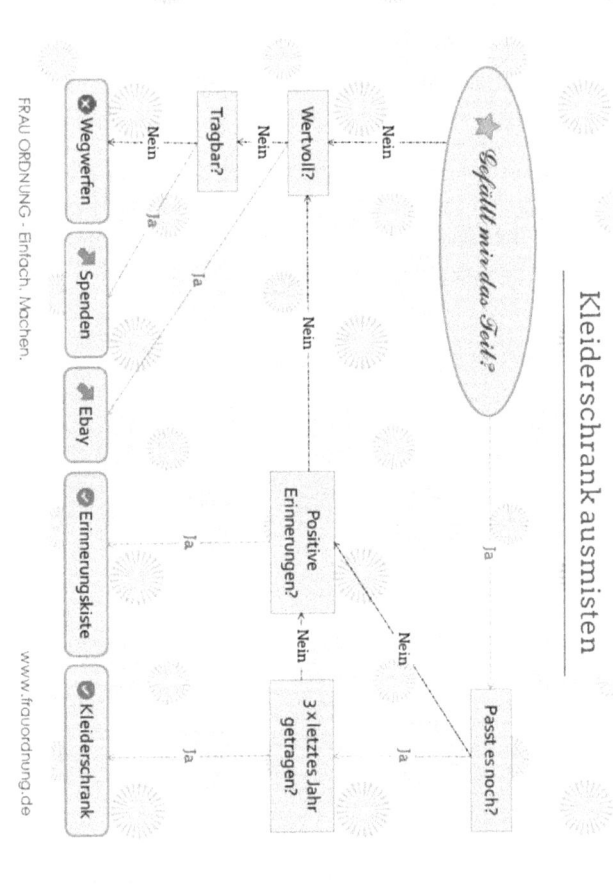

Beispiel 3: Werkzeug

Variante 1: Sie haben eine Sammlung aus 25 Schraubenziehern, 3 Bohrmaschinen, diversen Zangen, Fliesenschneidern, Zollstöcken, dies und jenem. Alle Materialien sind funktionsfähig. trotzdem haben Sie das Gefühl, dass Sie von allem zu viel haben und im entscheidenden Augenblick das richtige Werkzeug nicht finden.

Variante 2: Sie wissen genau, welches Werkzeug wo liegt und wofür Sie die 25 Schraubenzieher benötigen.

Lösung:

Variante 1: Sortieren Sie aus: behalten Sie die Bohrmaschine, mit der Sie am besten umgehen können (welches nicht zwingenderweise die Teuerste sein muss). Verkaufen Sie die Schraubenzieher, die nicht gut in der Hand liegen und das Werkzeug, das Sie sicherlich nicht noch einmal verwenden werden. Handwerker sind sehr dankbare Abnehmer für solche Werkzeugsammlungen!

Variante 2: Es scheint, als ob Sie bereits gut aufgestellt sind. Überlegen Sie, ob es Werkzeug gibt, dass Sie sich möglicherweise auch mit Nachbarn oder Bekannten teilen können?

Fragen, die Sie sich beim Aussortieren stellen können:

- Brauche ich dieses Ding tatsächlich?
- Verwende ich es?
- Erfüllt mich der Besitz mit Freude?
- Könnte ich damit möglicherweise einer anderen Person eine Freude machen?
- Würden Sie das Ding abgeben, wenn Sie wüssten, dass sich ein anderer Mensch darüber wirklich freut?

Denken Sie auch an Ihre persönliche „Erinnerungskiste" (Kasten Seite 16)!

Eine weitere Checkliste finden Sie auf der nächsten Seite – hier geht es um das Ausmisten der Küche:

Küche ausmisten

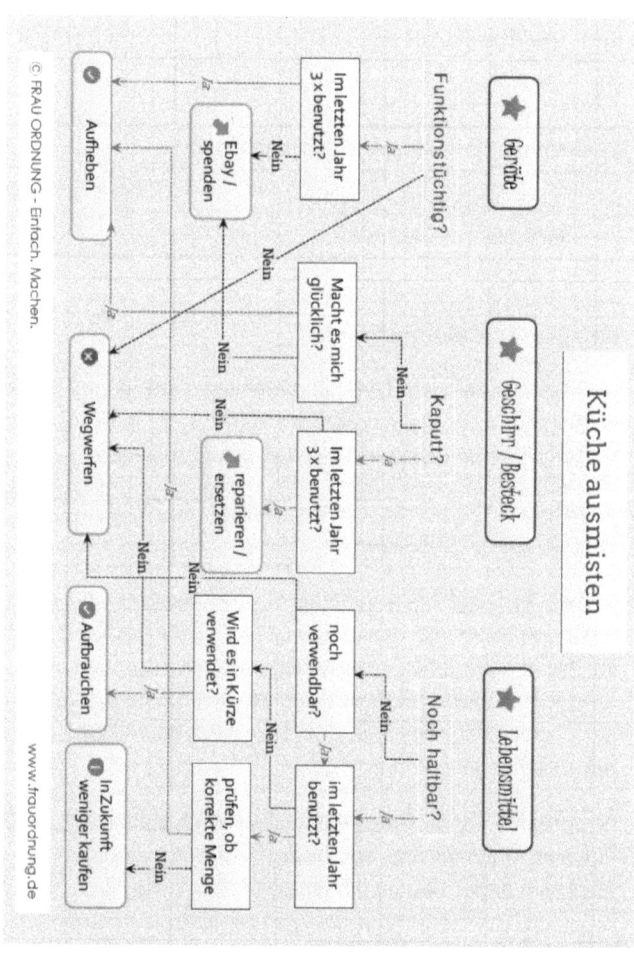

Geräte

Funktionstüchtig?
- Ja → Im letzten Jahr 3 x benutzt?
  - Ja → Aufheben
  - Nein → Ebay / spenden
- Nein → Macht es mich glücklich?
  - Ja → Aufheben
  - Nein → Wegwerfen

Geschirr / Besteck

Kaputt?
- Ja → Im letzten Jahr 3 x benutzt?
  - Ja → reparieren / ersetzen
  - Nein → Wegwerfen
- Nein → Wird es in Kürze verwendet?
  - Ja → Aufheben
  - Nein → Wegwerfen

Lebensmittel

Noch haltbar?
- Ja → im letzten Jahr benutzt?
  - Ja → noch verwendbar?
    - Ja → prüfen, ob korrekte Menge
    - Nein → Aufbrauchen
  - Nein → In Zukunft weniger kaufen
- Nein → Wegwerfen

Schritt 2: SEITON: Stelle ordentlich hin

Jetzt räumen Sie die Dinge, die Sie behalten wollen an den ihm zukünftig zugedachten Platz.

Zwei simple Merksätze, die dabei helfen:

- Jedes Ding hat seinen Platz.
- Gleiches zu Gleichem.

Beispiel 1: Kleiderschrank

Aus dem Japanischen kommend etablieren sich immer mehr Falttechniken für Kleidungsstücke, damit diese in Schubladen „gestellt" werden können, statt auf Stapel zu liegen.

Anleitungen dazu finden Sie zum Beispiel im Internet. Hier geht es nur um die Sache.

Vorteil der Schubladen-Variante ist unter anderem, dass nicht mehr wie bisher die weniger geliebten Kleidungsstücke unten im Stapel untergehen – Sie haben jederzeit Zugriff zu allen Kleidungsstücken. Mit einem Griff können Sie ganz praktisch entscheiden, welches Shirt, welchen Pullover, welche Hose Sie anziehen möchten.

So sortieren Sie die Kleidungsstücke nach Kleidungsart (Shirt, Pullover, Unterwäsche, Sportwäsche, Hosen, ...) und innerhalb dieser Kategorien am besten nach Farbe.

Beispiel 2: Küche

Hier sortieren Sie am besten ebenfalls nach Kategorien.

Dinge, die Sie zum Kochen am Herd benötigen finden am besten rund um den Herd Platz. Geräte, die Sie nicht so oft verwenden, haben in den Unterschränken Platz.
Backutensilien vielleicht unter dem Backofen (dort ist oft eine Schublade). Lebensmittel stellen Sie auf Augenhöhe in ein Regal. Kerzen und Kerzenständer, Blumenvasen, leere Marmeladengläser – können Sie entweder im Keller lagern oder in einem Schrank am Rand der Küche. Unter der Spüle stehen Putzmittel und Utensilien gut. In Schubladen können Sie Tischsets, Servietten und natürlich Besteck verstauen.

Wichtig ist hier der Grundsatz: Gleiches zu Gleichem. Achten Sie darauf, dass nicht in allen Schubladen von jedem etwas ist.

Beispiel 3: Kinderzimmer

Kindern fällt aufräumen oft sehr leicht. Wenn Sie es wollen.

Wenn Sie Kinder aber dabei beobachten stellen Sie fest, dass diese ganz automatisch die Spielsachen nach bestimmten Kriterien sortieren: alle Autos in eine Kiste, alle Puppen in die andere. Bücher in ein Regal, Stofftiere ins Bett, Kleidung in den Schrank.
Oft werden hier sogar die kleinen Plastikbausteine nach Farben getrennt in noch so winzige Schachteln sortiert!

Schritt 3: SEISO: Säubere

Putzen Sie die Stellflächen und die Dinge, die Sie aufbewahren wollen. Kontrollieren Sie dabei die Funktionsfähigkeit. In der Küche achten Sie auch auf das Verfallsdatum der Lebensmittel, beziehungsweise, ob Sie diese noch verwenden können.

Praxis-Tipp:

Arbeiten Sie von „oben nach unten" und säubern Sie erst die Oberflächen und Ablageflächen. Das heißt: erst die Regalböden der oberen Etagen, dann die Tische und Sideboards, zum Schluss den Boden.

Schritt 4: SEIKETSU: Standardisiere

Nun geht es konkret darum, Regeln und Standards zu erstellen. Das heißt: die Plätze, die Sie vorher für die einzelnen Dinge definiert haben werden festgehalten.

Achten Sie darauf, Routinen einzuführen, dass diese Stellplätze auch weiterhin so verwendet werden!

Beispiel 1: Werkzeug – das Schattenbrett

In einer gut ausgestatteten Werkstatt gibt es ein Schattenbrett. Ein Brett an der Wand, mit den Umrissen der Werkzeuge, die dort zu hängen haben. Auf diese Weise müssen Sie kein Werkzeug mehr sortieren, geschweige denn suchen. Gewöhnen Sie sich an, das Werkzeug nach getaner Arbeit wieder an die entsprechenden stellen zurück zu hängen.

Beispiel 2: Kühlschrank

siehe auch: das FIFO-Prinzip (Seite 28)

Gewöhnen Sie sich an, die Lebensmittel immer an dieselbe Stelle zu stellen.

Sie müssen nicht jedes Fach im Kühlschrank extra beschriften – gedanklich wäre es hilfreich. Vielleicht möchten Sie sich auch einen Plan neben den Kühlschrank hängen, was Sie in Zukunft wo aufbewahren möchten – bis Sie den Kühlschrank ganz automatisch so einräumen.

Ihr Vorteil ist, dass Sie mit einem Blick in den Kühlschrank erkennen, welche Lebensmittel noch da sind und welche gekauft werden müssen. Sie ersparen sich langes Suchen, ein langes Offenstehen der Kühlschranktür (Energieverbrauch!) und natürlich vermeiden Sie das Kaufen von Lebensmitteln, die Sie später als „doch noch da" im Kühlschrank entdecken und anschließend aufgrund eines abgelaufenen Verzehrdatums entsorgen müssen.

Beispiel 3: Arbeitszimmer

Beschriften Sie!

Suchen Sie sich Kisten - das können auch Schuhkartons sein - möglichst einfarbig und in derselben Größe und Deckel.

Beschriften Sie die Kisten mit Inhalten – Büromaterial, Briefumschläge, CD-Rohlinge, PC-Software, Blöcke und Haftnotizen, Klarsichthüllen …. wie auch immer Sie Ihr Büro am besten sortiert haben!

Versuchen Sie, Ihre Ordner einfarbig zu gestalten, um so für mehr optische Ruhe im Arbeitszimmer zu sorgen. Weiße Ordner eignen sich dazu sehr gut!

Legen Sie eine große Mappe mit „abzulegenden" Dokumenten an. Diese Mappe sollte verschließbar sein (oft geschieht dies durch einen Gummizug oder einen Knopf). Definieren Sie einen bestimmten Zeitpunkt; dieser kann auch lauten: „Wenn die Mappe voll ist!" oder „Montag morgens, einmal die Woche" – und nehmen Sie sich dann stringent die Zeit, um die Dokumente aus dieser Mappe abzuheften und abzuarbeiten.

Auf diese Weise sind Sie nicht gezwungen, jedes Mal den Beleg sofort abzuheften (was natürlich das schönste Ziel wäre, oft aber unrealistisch und daher nicht einzuhalten) – sondern Sie haben einen Standard geschaffen, den Sie einhalten können – der Ihnen gleichzeitig Ruhe gibt und die Gewissheit, dass Sie regelmäßig maximal 1 oder 2 Stunden mit der Ablage beschäftigt sein werden. Und nicht jeden Tag. Oder nur einmal im Jahr eine ganze Woche.

Seien Sie realistisch und finden Sie die optimale Größe der Mappe für Sie heraus!

Zu empfehlen ist eine schlichte DIN A4-Mappe mit Gummizug. Hier benötigen Sie erfahrungsgemäß maximal 1 Stunde pro Monat, um die Dokumente einer 4-köpfigen Familie abzulegen.

Experten-Tipp:

Denken Sie darüber nach, sich ein Dokumentenmanagementsystem anzuschaffen. Das hilft Ihnen, die Papierflut einzudämmen. Sie können auf diese Weise die gesamte Versicherungs-, Rechnungs-, und weitere Korrespondenz in Zukunft einfach einscannen und auf dem PC abspeichern.

Schritt 5: SHITSUKE: Selbstdisziplin und ständige Verbesserung

Alltagstipps für die Selbstdisziplin wären zu schön!

An dieser Stelle möchte ich eine Kundin zitieren, der ich geraten hatte, das bisher so sparsam aufbewahrte Hochzeitsporzellan doch ab jetzt zum Sonntagsbrunch zu verwenden:

„Und ja, unser Hochzeitsgeschirr war inzwischen schon dreimal im Einsatz, so werde ich es jetzt auch mit meinen neuen Kleidungsstücken machen, es wird nichts mehr aufgespart,

werde diese Denkweise auch in anderen Lebensbereichen anwenden!"

Wer tatsächlich dauerhaft für ein halbwegs aufgeräumtes Zuhause sorgen möchte kommt nicht umhin, das Ausmisten in seine regelmäßigen Routinen aufzunehmen.

Der Vorteil an der Lean-Methode ist allerdings, dass Sie sich mit den ersten Schritten von vielen Dingen trennen, die vorher Ballast waren statt Freude.

Wenn Sie diese Haltung auch weiterhin im Leben anwenden werden Sie schnell merken, dass sich

1. zukünftiger Ballast gar nicht mehr an sammelt, und
2. das eigentliche Aufräumen und Putzen der Dinge wesentlich schneller und einfacher gestaltet als vorher, da Sie weniger besitzen, was geputzt und aufgeräumt werden muss und Sie die übrig gebliebenen Dinge mit Freude in Ordnung halten möchten.

Dennoch kann diese Aufgabe kein Aufräumcoach für Sie übernehmen – das Putzen können Sie an eine Putzfrau übertragen, das Ausmisten werden Sie selbst in die Hand nehmen müssen.

Auf der Suche nach ständigen Verbesserungen

Irgendwann kommt der Punkt, an dem Sie zufrieden sind und Sie sich wohl in Ihrer Wohnung und Ihrem Haus fühlen. Das ist ganz wunderbar und eine unheimliche Erleichterung und Befreiung!

Dennoch werden Sie dann möglicherweise den Wunsch verspüren, weiter zu machen – wenn aus 4 Metern Kleiderschrank 3 geworden sind... warum dann nicht auch 2? Wenn Sie statt 54 Schraubenziehern nur noch 25 besitzen... warum dann nicht auch 15? Und das alte Porzellan von Tante Erna, eigentlich könnten Sie das ja doch benutzen, statt es nur in die Vitrine zu stellen – jetzt, da Sie bereits Ihre Vasen auch tatsächlich verwenden...

Sie werden sehen, Ihnen fallen noch viele weitere Möglichkeiten ein!

Lassen Sie Ihrem Tatendrang freien Lauf und genießen Sie Ihr neues, glückliches und von ungewollten Besitztümern befreites Leben!

6. Vom Jäger & Sammler zum Minimalisten?

Manche Menschen kommen mit dem Ausmisten so richtig in Fahrt und wollen dann auf einmal alles wegwerfen oder abgeben.

„Ich werde jetzt Minimalist! Ich brauche das alles eigentlich überhaupt nicht!"

An diesem Punkt sollten Sie sich etwas bremsen, da nun durchaus Entscheidungen getroffen werden, die später bereut werden. Nur weil Sie im Hochsommer ausmisten heißt das nicht, dass die komplette Weihnachtsdekoration verschwinden muss.

Bewahren Sie Liebgewonnenes auf, denken Sie an die „Erinnerungskiste" – hier können Sie auch emotional Verbundenes längerfristig sammeln.

Der Entrümpler und seine Mitmenschen

Beim Thema Ordnung hat jeder Mensch ein eigenes Ordnungsempfinden – was für den Einen ein gerade noch akzeptabler minimalistischer Lebensstil ist, bedeutet für den Anderen ein heillos ausuferndes Sammelsurium.

Wenn Sie alleine leben können Sie sich austoben, ausmisten und entsorgen oder verkaufen, wie es Ihnen recht ist.

Leben Sie gemeinsam mit Partner oder sogar Kindern ist die Sachlage eine ganz andere:

Ihr Partner fühlt sich möglicherweise in einer „gemütlich eingerichteten" Wohnung mit Dekorationen und allerlei Dingen wohl – Sie selbst würden gerne in einem Eigenheim leben, das sich auch gut für ein Einrichtungsmagazin ablichten lassen könnte. Und im Kinderzimmer herrscht ohnehin das blanke Chaos.

Hier hilft nur gegenseitige Toleranz und genügend Raum für jeden Einzelnen. Dies muss nicht zwingend ein eigenes Zimmer für jeden Bewohner sein. Gerade in teureren Städten ist dies auch platztechnisch schlichtweg nicht umsetzbar. Aber eine Ecke im Schlaf- oder Wohnzimmer für jeden vorzuhalten kann hier schon Wunder bewirken.

> Akzeptieren Sie die unterschiedlichen Ordnungsbedürfnisse Ihrer Mitmenschen. Versuchen Sie auch nicht, zu „missionieren" oder anderen Ihr Ordnungsempfinden aufzuzwingen.

Gehen Sie gerne mit gutem Beispiel voran. Entsorgen Sie die Dinge, die Sie belasten (und die Ihnen gehören) und zeigen Sie, wie befreiend dieser Schritt sein kann.

Ein Kapitel für sich: Kinderzimmer

Ein Dialog, den ich jedes Jahr mehrmals auf Messen und Veranstaltungen führe, ziemlich genau in diesem Wortlaut:

„Frau Ordnung, misten Sie auch Kinderzimmer aus?"

„Nein – aber warum fragen Sie mich das?"

„Ach, wissen Sie, jedes Mal, wenn ich die Schmutzwäsche aus dem Zimmer unserer Tochter räumen will ist da kein Durchkommen! ÜBERALL liegt Zeugs herum!"

„Darf ich denn fragen, wie alt Ihre Tochter ist?"

„Ja, das ist ja das Schlimme! Sie ist schon 16!" [Wahlweise auch 18 bis 23].

„Dann gebe ich Ihnen einen Rat: Lassen Sie es."

„Was? Ja, aber wie? Letzte Woche hätte sie keine frische Hose mehr gehabt!?"

„Eben. Sagen Sie Ihrer Tochter in Zukunft zwei Tage bevor Sie Wäsche waschen Bescheid. Sie weiß, wo Ihr Schmutzwäschekorb steht und dann erinnern Sie sie einen Tag vorher daran."

„Ach, und Sie meinen, das funktioniert?"

„Nun, Ihre Tochter wird sich in Zukunft überlegen, ob sie ihre Wäsche weiterhin im Zimmer verstreut. Und wenn ja: dann ist das ihre eigene Entscheidung."

Kinder haben einen eigenen Ordnungssinn, der nicht einmal so schlecht ist. Auch wenn das Zimmer nicht Ihrem Ordnungssinn entspricht: meine Grundregel für Kinderzimmer lautet schlicht:

so lange es nicht krabbelt und nicht schimmelt besteht kein Handlungsbedarf.

Ab dem Alter von 3 Jahren können Sie aber ohne Probleme den Kindern beibringen, wie man Ordnung hält – dass Spielzeug in seine Kisten zurückgeräumt werden kann, altes Spielzeug weiterverschenkt oder getauscht werden kann.

Ab 6 Jahren können Sie Ihre Kinder auch ohne Weiteres an den grundlegenden Hausarbeiten beteiligen: Kinder in diesem Alter können zum Beispiel den Papiermüll in die Tonne vor dem Haus leeren oder helfen, ihr Kinderzimmer zu fegen oder zu staubsaugen. Ein wichtiger Schritt ist auch, die Kinder zur Selbstständigkeit zu erziehen. Hören Sie auf, alles hinterher zu räumen! Im Fall von schmutziger Wäsche versteht ein 6jähriges Kind sehr gut, wenn Sie es freundlich bitten, die schmutzige Wäsche in den Schmutzwäschekorb zu bringen, damit Sie die Wäsche waschen können. Auch wenn Sie diese Bitte mehrmals äußern müssen: diese Aufgabe kann ihr Kind alleine erledigen. Sollte es keine Lust dazu haben bleiben Sie konsequent und lassen Sie die schmutzige Wäsche im Kinderzimmer liegen. Im schlimmsten Fall gibt es eben keine neue saubere Wäsche.

Spätestens mit 8 Jahren können Kinder dann alleine den Tisch decken und ihre frisch gewaschene Wäsche auch selbstständig zurück in ihren Kleiderschrank zurück räumen. Bei diesen Tätigkeiten können Sie spielerisch beibringen, was „Lean im Haushalt" bedeutet. Überproduktion und Lagerhaltung im Kleiderschrank? Ihr Kind wird sich freuen, wenn es Platz für seine Wäsche findet!

Je älter, umso selbstständiger dürfen die Heranwachsenden Aufgaben übernehmen. Denn das fünfte S – die Selbstdisziplin – kann nur selbst erlernt werden. Ein 12jähriger muss selbst erfahren, dass sein Zimmer irgendwann an die Grenzen der Aufbewahrungsmöglichkeiten kommt. Wie soll er als erwachsener Mensch später einmal fähig sein, bei den zahlreichen Gegenständen, die im Laufe des Lebens dazukommen werden zu entscheiden, welche davon nützlich und aufbewahrenswert sind und welche lediglich den eigenen Wohnraum belasten?

Praxis-Tipp: Spielzeug

Gehen Sie ein bis viermal im Jahr mit Ihren Kindern durch das Kinderzimmer und machen Sie eine Bestandsaufnahme: mit welchem Spielzeug wird noch gespielt und welches hat ausgedient? Manche Spielzeuge sind saisonal und kommen alle paar Monate wieder aus der Kiste – Kinder wissen das aber oft und im Zweifel gibt es ja doch noch die Eltern als Entscheidungshilfen.

Überlegen Sie gemeinsam: über welche Spielsachen würden sich andere Kinder mehr freuen? Was kann man verschenken, was auf dem nächsten Flohmarkt verkaufen? Welches Spielzeug würden Sie für Ihre Enkel möglicherweise aufbewahren und kann das dann in eine Erinnerungskiste?

Kindergärten sind oft glückliche Abnehmer für Spielzeuge, Stofftiere und Brettspiele!

Sie werden erstaunt sein, wie viel Spielzeug Ihre Kinder freiwillig abgeben!

Wichtig ist nur: lassen Sie die Kinder entscheiden! Bei kritischen Spielsachen können Sie diese immer noch zwischenlagern – für den Fall, dass es doch eine falsche Entscheidung war (dies trifft meist auf Erbstücke zu, die primär Ihnen selbst wichtig sind und weniger den Kindern).

7. Schlussworte

Sie haben nicht zu wenig Platz –

Sie haben zu viele Dinge!

Ich wünsche Ihnen viel Freude bei der Arbeit mit diesem Buch, beim Ausmisten, Verschenken, Spenden, Verkaufen – und freue mich über Anregungen und Hinweise. Sehr gerne auch über eine kleine Geschichte, wie es Ihnen dabei ergangen ist und was sich für Sie persönlich geändert hat!

8. Über Frau Ordnung

Geboren 1979 im niedersächsischen Oldenburg, seit 1983 als Älteste von vier Kindern in Baden-Württemberg aufgewachsen.

Bereits in jungen Jahren verantwortlich für die Ordnung im sonst nicht so aufräumwütigen Elternhaus – bis irgendwann die Feststellung fiel:

„Ich glaube, bei Dir hat es

ein Gen verbogen..."

2014 wurde schließlich „Frau Ordnung" geboren und berät seitdem Kunden in Stuttgart und seiner Region.

Wer Frau Ordnung live erleben möchte kann außerdem einen Vortrag bei den örtlichen Volkshochschulen besuchen oder auf den diversen sozialen Kanälen folgen.

Sie wünschen sich mehr Zeit? Ein höheres Gehalt? Und noch dazu weniger Stress im Familienalltag?

Mit den bewährten Methoden und Prinzipien des LEAN MANAGEMENTs ist das alles möglich:

Lernen Sie, welche der wesentlichen Kernelemente des LEAN-Gedankens Sie im Haushalt unterstützen können und Ihnen endlich wieder das zurück geben, was Sie verloren geglaubt haben:

Ein harmonisches Familienleben, geprägt von Zufriedenheit und Gelassenheit!

ISBN: 978-3-7519-3232-5 (deutsch, paperback), 12,99 €
         978-3-7519-4164-8 (deutsch, E-Book), 9,99 €

ISBN: 978-3-7519-5804-2 (englisch, paperback), 12,99 €
         978-3-7519-9030-1 (englisch, E-Book), 9,99 €

Über Amazon, BOD und den Buchhandel erhältlich.